A Editora Hunter Books dedica a publicação desta obra à:

Joaquim Varela de Lima

O CASO DOS EXPLORADORES DE CAVERNAS

Diretor Geral
ADO VARELA

Coordenação editorial
LUMIAR DESIGN ESTÚDIO
DOMINIQUE MAKINS

Revisão
RENATA MARON BLOIS BRUZADIN

Projeto gráfico e capa
LUMIAR DESIGN ESTÚDIO

Coordenação de produção
EQUIPE EDITORIAL HUNTERBOOKS EDITORA

Impresso no Brasil
Printed in Brazil

O CASO DOS EXPLORADORES DE CAVERNAS

Lon L. Fuller

Tradução:
Sabrina Lotaif Kheirallah

HUNTER BOOKS

Título original:
THE CASE OF THE SPELUNCEAN EXPLORERS

1ª edição – Fevereiro de 2012

Grafia atualizada segundo o Acordo Ortográfico da Língua Portuguesa
de 1990, que entrou em vigor no brasil em 2009.

HUNTER BOOKS EDITORA
Rua Domingos Bicudo, 385
São Paulo - SP
CEP 05855-300

editorial@hunterbooks.com.br
comercial@hunterbooks.com.br
hunterbooks.com.br

DADOS INTERNACIONAIS DE CATALOGAÇÃO NA PUBLICAÇÃO (CIP)
(Elaboração: Aglaé de Lima Fierli CRB- 9/412)

F974c Fuller, Lon Luvois, 1902-1978.
O caso dos exploradores de cavernas / Lon L. Fuller; tradução do original inglês por Sabrina Lotaif Kheirallah. São Paulo: Hunter Books, 2012.
96p. ; 13x21 cm.

ISBN: 978-85-65042-05-5

1. Direito – Filosofia. 2. Ciência do Direito. 3. Direito – Introdução. I. Título. II. Azevedo, Paulo Faraco, trad.

CDD – 340.1

INDICE PARA CATÁLOGO SISTEMÁTICO

Direito : Filosofia : Ciência	340.1
Direito : Ética : Filosofia	340.112
Ciência : Direito : Introdução	340.11

NA SUPREMA CORTE DE NEWGARTH, 4300

Os réus, indiciados pelo crime de homicídio, foram condenados e sentenciados à forca pela Corte de Instâncias Gerais do Condado de Stowfield. Eles recorreram perante esta Corte. Os fatos aparecem na opinião do presidente do Tribunal.

TRUEPENNY, C. J. – Os quatro réus são membros da Sociedade Espeleológica, uma organização de amadores interessados na exploração de cavernas. Em meados de maio de 4299, em companhia de Roger Whetmore, também membro da sociedade naquela época, os réus penetraram no interior de uma caverna de rocha calcária do tipo encontrado no Planalto Central desta comunidade. Quando já estavam distantes da entrada da caverna, ocorreu um desmoronamento de terra. Pedregulhos pesados caíram de tal maneira que a única saída conhecida da caverna ficou completamente bloqueada. Quando os homens notaram que se encontravam em apuros, eles se alojaram próximo à entrada bloqueada para aguardar que um grupo de resgate removesse os detritos que os impediam de deixar sua prisão subterrânea. Quando Whetmore e os réus não chegaram em suas respectivas casas naquele dia, o secretário da Sociedade foi notificado por suas famílias. Parece que os exploradores deixaram na sede da sociedade indicações da localização da caverna que pretendiam visitar. Um grupo de resgate foi prontamente enviado para o local.

O resgate provou-se extremamente difícil. Foi necessário reforçar a equipe de resgate original mediante repetidos acréscimos de homens e máquinas, que foram transportados a grande custo para a região remota e isolada onde se localizava a caverna. Um enorme acampamento temporário de trabalhadores, engenheiros, geólogos e outros especialistas foi montado. O trabalho de desobstrução foi frustrado várias vezes por novos desmoronamentos. Em um destes, dez dos homens que trabalhavam para liberar a entrada da caverna foram mortos. Os fundos monetários da Sociedade Espeleológica logo se exauriram e a soma de oitocentos mil frelares, arrecadada em parte por mensalidades e em outra por subsídios legislativos, foi gasta antes mesmo da libertação dos homens, que ocorreu somente no 32º dia após a sua entrada.

Desde que se soube que os exploradores levaram consigo poucos mantimentos e também que dentro da caverna não havia animais ou vegetais através dos quais eles pudessem subsistir, houve uma ansiedade geral para saber se eles morreriam de inanição antes de serem resgatados. No 20º dia de prisão, descobriu-se que eles haviam levado consigo para a caverna um rádio sem fio, portátil, capaz de enviar e receber mensagens. Um aparelho similar foi instalado no acampamento, estabelecendo-se, assim, uma comunicação oral com os homens presos na montanha. Eles perguntaram quanto tempo demoraria para serem soltos. Os engenheiros responsáveis pela operação responderam que pelo menos dez dias seriam necessários, considerando que nenhum novo desmoronamento ocorresse. Os exploradores então perguntaram se havia médicos presentes no local e foram colocados em comunicação com uma equipe de médicos especialistas. Os homens presos descreveram sua condição e os mantimentos de que dispunham e pediram uma opinião médica a respeito da probabilidade de sobrevivência deles sem alimentos por mais dez dias. O presidente do comitê de médicos respondeu a eles que a possibilidade de sobrevivência era remota. O comunicador permaneceu em silêncio dentro da caverna pelas próximas oito horas. Quando a comunicação foi reestabelecida, os homens pediram para falar novamente com os médicos. O presidente do comitê de médicos foi colocado diante do comunicador enquanto Whetmore falava em nome dele próprio e dos demais e perguntava se eles seriam capazes de sobreviver por mais dez dias se consumissem a carne de um dentre eles. O presidente do comitê respondeu, a contragosto, em sentido afirmativo. Whetmore então perguntou se seria recomendável que eles tirassem na sorte para ver quem deveria ser comido. Nenhum dos médicos presentes quis responder a esta questão. Whetmore então perguntou se havia entre os membros da equipe algum juiz ou outro membro oficial do governo que pudesse responder a esta pergunta. Nenhum dos integrantes da missão de salvamento quis assumir a responsabilidade de responder a esta questão. Ele então perguntou se havia algum padre ou outro guia espiritual que pudesse responder a esta pergunta mas nenhum foi encontrado. Desde então não foram recebidas mais mensagens de dentro da caverna e assumiu-se (erroneamente, como depois se evidenciou) que a bateria do comunicador dos exploradores havia descarregado. Quando os homens foram finalmente libertados, soube-se que, no 23º dia após a sua entrada na caverna, Whetmore tinha sido morto e comido pelos companheiros.

De acordo com o testemunho dos réus, que foi aceito pelo júri, parece que Whetmore foi o primeiro a propor que eles buscassem alimento, sem o que a sobrevivência seria impossível, na carne de um deles próprios. Foi também Whetmore quem propôs o uso de algum método para tirarem na sorte e chamou a atenção de seus companheiros para um par de dados que por acaso ele tinha trazido consigo. A princípio, os réus hesitaram em adotar um procedimento tão desesperador, mas após o diálogo ocorrido através do comunicador, conforme relatado acima, eles finalmente concordaram em seguir com o plano proposto por Whetmore. Depois de muita discussão a respeito dos problemas matemáticos envolvidos, eles finalmente concordaram com a utilização de um método para determinar a questão utilizando-se dos dados.

No entanto, antes de lançarem os dados, Whetmore declarou que estava se retirando do arranjado, pois refletiu e resolveu aguardar mais uma semana antes de adotar um procedimento tão terrível e odioso. Os outros o acusaram de violação do acordo e procederam ao lançamento dos dados. Quando chegou a vez de Whetmore, os dados foram lançados para ele por um dos réus, e perguntaram-lhe se ele tinha alguma objeção quanto à justiça da jogada. Ele declarou que não tinha objeções a fazer. O resultado do lançamento dos dados foi adverso a sua sorte, e o mesmo foi então morto e comido por seus companheiros.

Após o resgate dos réus, e depois de terem permanecido algum tempo no hospital para tratamento de desnutrição e estado de choque, eles foram denunciados pelo homicídio de Roger Whetmore. No julgamento, após a conclusão dos testemunhos, o presidente do júri (advogado por profissão) inquiriu se o mesmo poderia emitir um veredito especial, deixando para o juiz do Tribunal tomar a decisão final acerca da culpa dos réus baseada nos fatos provados. Depois de alguma discussão, tanto o Ministério Público como os advogados dos réus manifestaram sua aceitação deste procedimento, que foi então adotado pelo Tribunal. Num longo veredito especial, o júri acolheu a prova dos fatos conforme acima relatado e achou que, se baseado nestes fatos os réus fossem considerados culpados do crime pelo qual foram indiciados, então deveriam ser condenados. Com base neste veredito, o juiz de primeira instância decidiu que os réus eram culpados pelo homicídio de Roger Whetmore. Em consequência, sentenciou-os à forca, já que a lei da comunidade não lhe dava poder discricionário com respeito à pena a ser imposta. Após a liberação do júri, seus membros enviaram uma petição conjunta ao chefe do Executivo pedindo que a sentença fosse alterada para reclusão de seis meses. O juiz de primeira instância dirigiu uma comunicação semelhante ao chefe do Executivo. Até agora, porém, nenhuma ação foi tomada com relação a estes apelos. O chefe do Executivo está aparentemente aguardando a nossa disposição no presente recurso.

Parece-me que, ao lidar com este caso extraordinário, o júri e o juiz de primeira instância seguiram um curso que não era somente justo e sábio, mas sim o único curso que lhes restava aberto em face dos dispositivos legais. O texto da nossa lei é bem conhecido: "Quem intencionalmente tirar a vida de outrem será punido com a morte." N.C.S.A. (N.S.) § 12-A. Esta lei não permite exceção aplicável a este caso, porém nossas simpatias podem inclinar-nos a levar em consideração a trágica situação em que estes homens se encontravam.

Em um caso como este, o princípio da clemência executiva parece admiravelmente adequado para mitigar os rigores da lei, razão pela qual proponho aos meus colegas que sigamos o exemplo do júri e do juiz de primeira instância solidarizando-nos com os pedidos que têm dirigido ao chefe do Executivo. Há toda razão para acreditar que estes pedidos de clemência serão atendidos, vindo como vêm daqueles que estudaram o caso e tiveram a oportunidade de familiarizar-se totalmente com suas circunstâncias. É altamente improvável que o chefe do Executivo negue estes pedidos, a menos que ele próprio realize novas audiências tão extensas como as efetuadas em primeira instância, que duraram três meses. A realização de tais audiências (o que praticamente equivale a um novo julgamento do caso) dificilmente seria compatível com a função do Executivo como geralmente é concebido. Acho que podemos portanto supor que alguma forma de clemência será estendida a estes réus. Se isso acontecer, então a justiça será feita sem prejudicar nem a letra nem o espírito dos nossos estatutos e sem oferecer qualquer estímulo para o desrespeito da lei.

FOSTER, J. - Estou chocado que o presidente do Tribunal, em um esforço para escapar dos constrangimentos deste trágico caso, tenha adotado e proposto aos seus colegas uma solução tão sórdida e tão óbvia. Acredito que algo mais está sendo julgado neste caso além do destino destes infelizes exploradores, que é a lei da nossa comunidade. Se este Tribunal declara que, sob nossa lei, estes homens cometeram um crime, então a nossa lei é em si mesma condenada no tribunal do senso comum, não importa o que aconteça com as pessoas envolvidas nesta apelação. Para nós afirmarmos que a lei que sustentamos e explicamos nos compele a uma conclusão da qual nos envergonhamos e da qual só podemos escapar apelando a uma dispensa que depende de um capricho pessoal do Executivo, parece-me que equivaleria a admitir que a lei desta comunidade não pretende realizar a justiça.

Não acredito que a nossa lei nos obriga a chegar à conclusão monstruosa de que estes homens são assassinos. Creio, pelo contrário, que ela os declara inocentes da prática de qualquer crime. Eu chego a esta conclusão por dois motivos independentes, cada um dos quais é por si só suficiente para justificar a absolvição dos réus.

A primeira destas razões repousa sobre uma premissa que pode suscitar oposição até que seja examinada de modo imparcial. Sou da opinião de que a lei promulgada ou positivada desta comunidade, incluindo todos os seus estatutos e precedentes, é inaplicável a este caso, e que o caso é regido em vez disso pelo que antigos escritores da Europa e da América chamavam de "leis da natureza".

Esta conclusão baseia-se na proposição de que o nosso direito positivo pressupõe a possibilidade de coexistência dos homens em sociedade. Quando surge uma situação que torna a coexistência dos homens impossível, então a condição que baseia todos os nossos precedentes e estatutos deixa de existir. Quando esta condição desaparece, é minha opinião que a coercibilidade do nosso direito positivo desaparece com ela. Não estamos acostumados a aplicar a máxima *cessante ratione legis, cessat et ipsa lex* ao conjunto de nosso ordenamento jurídico, mas acredito que este é um caso em que a máxima deve ser aplicada.

A proposição de que toda lei positiva é baseada na possibilidade de coexistência dos homens soa estranha, não porque a verdade contida nela seja estranha, mas simplesmente porque é uma verdade tão óbvia e penetrante que raramente temos a oportunidade de expressá-la em palavras. Como o ar que respiramos, ela está tão impregnada no nosso meio ambiente que esquecemos que ela existe até que somos de repente privados dela. Quaisquer objetivos que possam ser buscados pelos vários ramos do nosso direito, é evidente, quando refletimos, que todos eles são voltados para facilitar e melhorar a coexistência dos homens e regular com justiça e equidade as relações de sua vida em comum. Quando a suposição de que os homens podem viver juntos deixa de ser verdadeira, como obviamente ocorreu nesta situação extraordinária onde a vida só se tornou possível tirando a vida de outrem, as premissas básicas que baseiam a nossa ordem legal perdem seu significado e coercibilidade.

Se os trágicos acontecimentos deste caso tivessem ocorrido uma milha além dos limites territoriais de nossa comunidade, ninguém pretenderia que a nossa lei lhes fosse aplicável. Reconhecemos que a jurisdição tem uma base territorial. As bases deste princípio não são óbvias e raramente são examinadas. Entendo que este princípio baseia-se na suposição de que só é possível impor uma ordem jurídica única a um grupo de homens se eles viverem juntos dentro dos limites de uma determinada área da superfície da Terra. A premissa segundo a qual os homens devem coexistir em um grupo constitui, portanto, a base do princípio territorial bem como de todo o direito. Afirmo que um caso pode ser removido da abrangência coercitiva de uma ordem jurídica tanto por razões de ordem moral como pelas de ordem geográfica. Se olharmos os propósitos do direito e do governo e as premissas que baseiam nosso direito positivo, concluímos que estes homens, por ocasião de sua decisão fatal, estavam tão distantes de nossa ordem jurídica que poderiam estar a mil milhas de nossas fronteiras. Mesmo em um sentido físico, sua prisão subterrânea estava separada de nossos tribunais e oficiais de justiça por uma sólida cortina de pedras que só pôde ser removida após dispêndios extraordinários de tempo e esforço.

Concluo, portanto, que no momento em que Roger Whetmore foi morto por estes réus, eles estavam não em um "estado de sociedade civil" mas sim num "estado de natureza", como se diria na linguagem pitoresca dos escritores do século XIX. A consequência disto é que a lei que lhes é aplicável não é a lei promulgada e estabelecida nesta comunidade, mas a lei derivada dos princípios que eram adequados à sua condição. Não hesito em dizer que segundo estes princípios eles eram inocentes de qualquer crime.

O que estes homens fizeram foi feito em cumprimento de um acordo aceito por todos eles e primeiramente proposto pela própria vítima. Como é evidente que sua situação extraordinária tornou os princípios usuais que regulam as relações dos homens uns com os outros inaplicáveis, tornou-se necessário para eles elaborar, por assim dizer, uma nova constituição adequada à situação em que se encontravam.

Desde a antiguidade se reconhece que o princípio fundamental do direito ou governo pode ser encontrado na noção de contrato ou acordo. Pensadores antigos, especialmente durante o período de 1600 a 1900, costumavam basear o próprio governo num suposto contrato social original. Os céticos diziam que esta teoria contradizia os fatos conhecidos da história e que não havia nenhuma evidência científica para corroborar a noção de que qualquer governo tivesse sido fundado em conformidade com esta teoria. Moralistas respondiam que se o contrato fosse uma ficção do ponto de vista histórico, a noção de contrato ou acordo fornecia a única justificativa ética na qual os poderes do governo, que incluem o de tirar a vida, podem se basear. Os poderes do governo só podem se justificar moralmente pelo fundamento de que estes são poderes que homens razoáveis concordariam e aceitariam caso fossem confrontados com a necessidade de construir uma nova ordem que tornasse sua convivência possível.

Felizmente, as perplexidades que atingiam os antigos não afligem a nossa comunidade. É fato histórico comprovado que o nosso governo foi fundado mediante um contrato ou livre acordo entre os homens. A prova arqueológica é conclusiva no sentido de que, no período subsequente à Grande Espiral, os sobreviventes daquele holocausto se reuniram voluntariamente e elaboraram uma carta de governo. Escritores sofistas têm questionado o poder destes contratantes remotos de obrigar as futuras gerações, mas a verdade é que o nosso governo remonta em uma linha ininterrupta àquela constituição original.

Se, portanto, nossos carrascos têm o poder de acabar com a vida dos homens, se nossos xerifes têm o poder de despejar os inquilinos inadimplentes, se a nossa polícia tem o poder de encarcerar o folião embriagado, estes poderes encontram sua justificativa moral naquele contrato original celebrado por nossos antepassados. Se nós não podemos encontrar fonte mais elevada para o nosso ordenamento jurídico, que outra mais alta poderíamos esperar que estes infelizes famintos encontrassem para o ordenamento que adotaram para eles próprios?

Acredito que a linha de argumentação que acabei de expor não permite contestação racional. Sei que provavelmente será recebida com um certo desconforto por muitos que venham a lê-la, os quais estarão inclinados a suspeitar que há algum sofisma oculto permeando a demonstração que leva a conclusões tão desconhecidas. A fonte desta intranquilidade é, no entanto, fácil de identificar. As condições usuais da existência humana nos levam a pensar na vida humana como um valor absoluto que não deve ser sacrificado em nenhuma circunstância. Há muitos aspectos ilusórios nesta concepção mesmo quando ela é aplicada a relações normais da sociedade. Temos um exemplo desta verdade no caso que está diante de nós. Dez trabalhadores foram mortos no processo de remoção das rochas da abertura da caverna. Os engenheiros e oficiais do governo que dirigiram as forças do resgate não sabiam que as operações realizadas eram perigosas e envolviam um sério risco de vida dos operários que estavam a executá-las? Se é justo que estas dez vidas fossem sacrificadas para salvar a vida de cinco exploradores presos, por que então nos é dito que é errado estes exploradores realizarem um acordo para salvar quatro vidas em detrimento de uma?

Cada rodovia, túnel ou edifício que projetamos envolve um risco para a vida humana. Juntando todos estes projetos, podemos calcular com certa precisão quantas mortes a sua construção irá demandar; estatísticos podem dizer o custo médio em vidas humanas de mil milhas de uma rodovia de concreto de quatro pistas. Ainda assim, nós deliberada e conscientemente incorremos neste risco e pagamos o preço na suposição de que os valores obtidos para aqueles que sobrevivem compensam a perda. Se estas coisas podem ser ditas de uma sociedade que funciona normalmente acima do solo, o que diremos do suposto valor absoluto da vida humana na situação desesperadora em que estes réus e seu companheiro Whetmore se encontravam?

Isto conclui a exposição do primeiro fundamento de minha decisão. O segundo fundamento segue rejeitando hipoteticamente todas as premissas que formulei até o momento. Admito, para fins de argumentação, que eu esteja errado em dizer que a situação destes homens os removeu da incidência do nosso direito positivo, e suponho que os nossos Estatutos Consolidados têm o poder de penetrar quinhentos pés de rochas e impor-se sobre estes homens famintos amontoados em sua prisão subterrânea.

Agora é, com certeza, perfeitamente claro que estes homens cometeram um ato que viola o texto literal da lei que declara que aquele que "intencionalmente tirar a vida de outrem" é um assassino. Mas uma das partes mais antigas da sabedoria legal é o ditado que diz que um homem pode infringir a letra da lei sem violar a lei em si. Toda proposição de direito positivo, quer contida numa lei ou em um precedente, deve ser interpretada de modo racional, à luz de seu propósito evidente. Esta é uma verdade tão elementar que é desnecessário alongar-me a este respeito. Há inúmeras ilustrações de sua aplicação e podem ser encontradas em todos os ramos do direito. No caso *Comunidade v. Staymore* o réu foi condenado tendo em vista uma lei que considera crime estacionar um carro, em certas áreas, por um período superior a duas horas. O réu tinha tentado retirar o seu carro, mas foi impedido de fazê-lo porque as ruas estavam obstruídas por uma demonstração política da qual ele não participou e não pudera prever. Sua condenação foi anulada por este Tribunal embora o caso se enquadrasse perfeitamente dentro do enunciado literal da lei. Também no caso *Fehler v. Neegas* esteve diante deste Tribunal, para ser interpretado, um dispositivo legal em que a palavra "não" fora evidentemente transposta da posição em que deveria estar na seção final e mais importante do dispositivo. Esta transposição encontrava-se em todas as sucessivas versões do dispositivo legal, tendo sido aparentemente ignorada pelos elaboradores e demais responsáveis pela legislação. Ninguém foi capaz de explicar como o erro ocorreu, mas era evidente que, tendo em conta o conteúdo da lei em seu conjunto, um erro tinha sido cometido, uma vez que a leitura literal da cláusula final tornava-a incompatível com tudo o que a precedia e com o objetivo do texto tal como enunciado em seu preâmbulo. Este Tribunal recusou-se a aceitar a interpretação literal da lei e, de fato, retificou sua linguagem transpondo a palavra "não" para o seu devido lugar.

O dispositivo legal que está diante de nós para interpretação nunca foi aplicado literalmente. Há séculos estabeleceu-se que um assassinato em legítima defesa é escusável. Não há nada no texto legal que sugira esta exceção. Várias tentativas têm sido feitas para conciliar o tratamento legal da legítima defesa com o texto da lei, mas na minha opinião todos estes são apenas engenhosos sofismas. A verdade é que a exceção em favor da legítima defesa não pode ser conciliada com as palavras da lei, mas somente com seu propósito.

A verdadeira reconciliação da excludente de culpabilidade da legítima defesa com a lei que torna crime matar outrem pode ser encontrada na seguinte linha de raciocínio. Um dos principais objetivos subjacentes a qualquer legislação penal é o de dissuadir os homens da prática do crime. Agora, é evidente que se a lei declarasse que assassinato em legítima defesa constitui crime, tal regra não poderia atuar de maneira preventiva. Um homem cuja vida é ameaçada repelirá seu agressor não importa o que diga a lei. Olhando, portanto, os objetivos gerais da legislação penal, podemos seguramente declarar que esta lei não se destinava a ser aplicada aos casos de legítima defesa.

Quando a lógica da excludente da legítima defesa é assim explicada, torna-se evidente que precisamente o mesmo raciocínio é aplicado ao caso em questão. Se no futuro qualquer grupo de homens venha a se encontrar na trágica situação dos réus, podemos ter certeza que sua decisão de viver ou morrer não será controlada pelo conteúdo do nosso código penal. Assim, se lermos este texto legal de forma inteligente, é evidente que não se aplica a este caso. A retirada desta situação da incidência da lei justifica-se pelas mesmas considerações que foram aplicadas pelos nossos antecessores, séculos atrás, no caso de legítima defesa.

Há aqueles que protestam em alto e bom som, dizendo tratar-se de usurpação judicial, sempre que um tribunal, depois de analisar um propósito de uma lei, dá a suas palavras um significado que não é imediatamente visível pelo leitor casual que não estudou as leis de perto ou examinou os objetivos que busca atingir. Deixe-me dizer enfaticamente que eu aceito sem reserva a proposição segundo a qual este Tribunal deve obediência às leis da comunidade e que ele exerce seus poderes em subserviência à vontade devidamente expressa pela Câmara dos Deputados. A linha de raciocínio de que me utilizei acima não levanta a questão de fidelidade à lei promulgada, embora possa eventualmente colocar a distinção entre fidelidade inteligente e não inteligente. Nenhum superior deseja um funcionário incapaz de ler nas entrelinhas. A mais estúpida doméstica sabe que quando lhe é ordenado "descascar a sopa e tirar escuma das batatas" a patroa não quer dizer o que ela diz. Ela também sabe que quando seu patrão lhe diz para "largar tudo e vir correndo" ele não tem em mente a possibilidade de que, neste momento, ela esteja a salvar um bebê de uma chuva. Certamente nós temos o direito de esperar a mesma porção de inteligência do Judiciário. A correção de óbvios erros ou equívocos do Legislativo não importa em suplantar a vontade legislativa, mas sim em torná-la mais eficaz.

Concluo, portanto, que, sob qualquer aspecto que este caso possa ser considerado, os réus são inocentes do crime de homicídio contra Roger Whetmore e que a decisão de condenação deve ser reformada.

TATTING, J. – No cumprimento de meus deveres como juiz deste Tribunal, geralmente sou capaz de dissociar os aspectos emocionais e intelectuais das minhas reações e tomar minhas decisões baseado nos últimos. Ao examinar este trágico caso, sinto, todavia, que me faltam os recursos habituais. Sob o aspecto emocional, me encontro dividido entre a simpatia por estes homens e um sentimento de aversão e repugnância pelo ato monstruoso que cometeram. Eu esperava que seria capaz de pôr estas emoções contraditórias de lado como irrelevantes e decidir o caso baseado em uma demonstração convincente e lógica do resultado exigido por nossa lei. Infelizmente, não alcancei esta libertação.

Ao analisar o voto que terminou de enunciar o meu colega Foster, acredito que está cheio de contradições e falácias. Comecemos por sua primeira proposição: estes homens não estavam sujeitos a nossa lei porque não estavam em um "estado de sociedade civil" mas em um "estado de natureza". Não tenho certeza do porquê de ser assim, se é pela espessura da rocha que os aprisionou ou porque estavam famintos ou porque tinham estabelecido uma nova "constituição" segundo a qual as regras usuais de direito deveriam ser suplantadas por um lance de dados. Outras dificuldades fazem-se sentir. Se estes homens passaram da jurisdição da nossa lei para aquela da "lei da natureza", em que momento isto ocorreu? Foi quando a entrada da caverna foi bloqueada, ou quando a ameaça de morte por inanição atingiu um grau indefinido de intensidade, ou quando o acordo para o lançamento dos dados foi feito? Estas incertezas na doutrina proposta pelo meu colega são capazes de gerar verdadeiras dificuldades. Suponha, por exemplo, que um desses homens tenha feito seu 21º aniversário enquanto estava preso dentro da montanha. Em que data temos que considerar que ele atingiu a maioridade – quando atingiu os 21 anos, momento em que estava subtraído dos efeitos de nossa lei, ou somente quando ele foi libertado da caverna e voltou a se submeter ao que o meu colega chama de "direito positivo"? Estas dificuldades podem parecer fantasiosas, mas elas só servem para revelar a natureza fantasiosa da doutrina que é capaz de dar origem a elas.

Mas não é necessário explorar mais estas sutilezas para demonstrar o absurdo da posição do meu colega. O Sr. Ministro Foster e eu somos os juízes nomeados do Tribunal de Newgarth, juramentados e com competência para administrar as leis de nossa comunidade. Com que autoridade nos transformamos em um Tribunal da Natureza? Se estes homens se encontravam de fato sob as leis da natureza, de onde vem nossa autoridade para expor e aplicar esta lei? Certamente nós não estamos em um estado de natureza.

Examinemos o conteúdo deste código da natureza que o meu colega propõe que adotemos e apliquemos a este caso. Que código desordenado e odioso é este! É um código em que a lei de contratos é mais fundamental do que a lei de assassinatos. É um código em que um homem pode fazer um acordo válido no qual confere poderes aos seus companheiros para comer o seu próprio corpo. Segundo as disposições deste código, ainda, um acordo deste tipo, uma vez firmado, é irrevogável, e, se uma das partes tentar rescindi-lo, as outras podem tomar a lei em suas próprias mãos e executá-lo a força – pois embora meu colega não passe por cima, por conveniência, do efeito da rescisão unilateral do contrato feita por Whetmore, esta é uma implicação necessária de sua argumentação.

Os princípios expostos pelo meu colega contêm outras implicações que não podem ser toleradas. Ele argumenta que quando os réus lançaram-se sobre Whetmore e o mataram (não sabemos como, talvez apedrejando-o) eles estavam apenas exercitando o direito que lhes fora conferido pelo contrato. Suponha-se, no entanto, que Whetmore tivesse escondido sob suas roupas um revólver e que quando viu os réus prestes a matá-lo, os tivesse matado a tiros a fim de salvar a sua própria vida. O raciocínio do meu colega aplicado a estes fatos transformaria Whetmore em um homicida, já que a excludente da legítima defesa teria que lhe ser denegada. Se seus atacantes estavam atuando legalmente na tentativa de provocar a sua morte, então é claro que ele não mais poderia escusar-se argumentando que estava defendendo a sua própria vida, da mesma forma que não poderia fazer um prisioneiro condenado que abate o carrasco enquanto tenta legalmente colocar o nó em seu pescoço.

Todas estas considerações tornam impossível para mim aceitar a primeira parte do argumento do meu colega. Não posso nem aceitar a noção de que estes homens estavam sob um código de leis naturais que este Tribunal estaria obrigado a aplicar-lhes, nem posso admitir as regras odiosas e desnaturadas que ele pretende que este código contenha. Chego agora à segunda parte do voto do meu colega, na qual ele busca demonstrar que os réus não violaram as disposições do N.C.S.A. (N.S.) § 12-A. Aqui o caminho, ao invés de ser claro, se torna nebuloso e ambíguo, embora meu colega pareça ignorar as dificuldades inerentes às suas demonstrações.

A essência da argumentação do meu colega pode ser enunciada nos seguintes termos: nenhuma lei, qualquer que seja seu texto, deve ser aplicada de modo a contradizer o seu propósito. Um dos objetivos de qualquer lei penal é o da prevenção. A aplicação da lei que torna crime matar outrem contradiria seu propósito neste caso peculiar, pois é impossível acreditar que o conteúdo do código penal pudesse atuar de maneira preventiva relativamente a homens confrontados com a alternativa de vida ou morte. O raciocínio segundo o qual esta exceção é encontrada na lei é, como observa o meu colega, o mesmo que conduz a admissibilidade da excludente da legítima defesa.

À primeira vista, esta demonstração parece muito convincente. A interpretação do meu colega acerca do fundamento lógico da excludente da legítima defesa está apoiada por uma decisão deste Tribunal, *Comunidade v. Parry*, um precedente que encontrei enquanto estudava este caso. Embora o caso *Comunidade v. Parry* pareça ter sido negligenciado nos textos e decisões subsequentes, ele apoia de forma inequívoca a interpretação do meu colega acerca da excludente da legítima defesa.

Agora deixe-me resumir rapidamente as perplexidades que me ocorrem quando examino mais atentamente o raciocínio de meu colega. É verdade que uma lei deve ser aplicada segundo seu propósito e que um dos propósitos reconhecidos da legislação penal é a prevenção. A dificuldade é que outros objetivos também são atribuídos à lei penal. Tem sido dito que um dos seus propósitos é fornecer uma saída ordenada à instintiva necessidade humana de retribuição. *Comunidade v. Scape*. Também foi dito que seu escopo é a reabilitação do infrator. *Comunidade v. Makeover*. Outras teorias têm sido propostas. Partindo do princípio de que devemos interpretar uma lei à luz de seu propósito, o que devemos fazer quando houverem vários propósitos ou quando estes forem questionados?

Uma dificuldade similar é apresentada pelo fato de que, embora haja autoridade na interpretação dada por meu colega à excludente da legítima defesa, não existe outra autoridade que atribui a esta excludente uma lógica diferente. De fato, até ter tomado conhecimento da decisão no caso *Comunidade v. Parry* eu nunca tinha ouvido a explicação dada por meu colega. A doutrina ensinada em nossas escolas de direito, memorizadas por gerações de estudantes, diz o seguinte: a lei referente ao homicídio requer um ato "intencional". O homem que age para repelir uma ameaça agressiva a sua própria vida não age "intencionalmente", mas em resposta a um impulso profundamente enraizado na natureza humana. Suspeito que dificilmente exista um advogado nesta comunidade que não esteja familiarizado com esta linha de raciocínio, especialmente porque este é um dos pontos preferidos dos examinadores do exame da Ordem dos Advogados.

Mas a explicação familiar para a excludente da legítima defesa obviamente não pode ser aplicada por analogia aos fatos deste caso. Estes homens não só agiram "intencionalmente", mas com muita resolução e depois de horas de discussão a respeito do que fariam. Novamente nos deparamos com um caminho bifurcado, com uma linha de raciocínio que nos leva a uma direção e outra que nos leva à direção exatamente oposta. Esta perplexidade está neste caso agravada, por assim dizer, pois temos que contrastar duas explicações: uma incorporada em um precedente praticamente desconhecido e a outra constituindo parte da tradição jurídica ensinada nas nossas escolas de direito, mas que, até onde eu sei, nunca foram adotadas em qualquer decisão judicial.

Reconheço a relevância dos precedentes citados pelo meu colega sobre o "não" deslocado e o réu que estacionou além do tempo legal permitido. Mas o que devemos fazer com os marcos da nossa jurisprudência, sobre os quais mais uma vez meu colega passa em silêncio? Tal é o caso *Comunidade v. Valjean*. Embora o caso esteja um tanto obscuramente transcrito, parece que nele o réu foi indiciado pelo furto de um pão e ofereceu como defesa a circunstância de que se encontrava em uma situação próxima da morte por inanição. O Tribunal recusou-se a aceitar esta defesa. Se a fome não pode justificar o furto de alimento saudável e natural, como pode justificar que se mate e coma um homem? Mais uma vez, se olharmos as coisas em termos de prevenção, será provável que um homem morra de fome para evitar uma sentença de prisão pelo furto de um pedaço de pão? As demonstrações do meu colega nos obrigam a ignorar *Comunidade v. Valjean* e muitos outros precedentes construídos a partir deste caso.

Mais uma vez, tenho dificuldade em dizer que nenhum efeito preventivo poderia ser atribuído a uma decisão que culpasse estes homens por homicídio. O estigma da palavra "assassino" é tal que acredito ser muito provável que se estes homens tivessem sabido que seu ato era considerado como crime pela lei, teriam esperado mais uns dias pelo menos antes da realização de seu plano. Durante esse tempo, algum alívio inesperado talvez pudesse ter chegado. Sei que esta observação apenas reduz a distinção a uma questão de grau, sem que a destrua completamente. É certamente verdade que o elemento de prevenção seria menor neste caso do que naquele que normalmente decorre da aplicação da lei penal.

Ainda há uma outra dificuldade na proposta do meu colega Foster de estabelecer uma exceção na lei em favor deste caso, embora novamente nenhuma dúvida tenha sido insinuada em sua opinião. Qual será o âmbito desta exceção? No caso, os homens tiraram a sorte e a própria vítima concordou com o que foi contratado. O que decidiríamos se Whetmore tivesse desde o início se recusado a participar do plano? Será que a maioria poderia ignorar a sua vontade? Ou, suponha-se que nenhum plano fosse adotado e que os outros simplesmente conspirassem para causar a morte de Whetmore, justificando seu ato dizendo que ele se encontrava na condição mais fraca. Ou, ainda, que um plano de seleção, baseado numa justificativa diferente daquela aqui adotada, foi seguido, como se os outros fossem ateus e insistissem que Whetmore deveria morrer porque era o único que acreditava na vida após a morte. Estes exemplos poderiam ser multiplicados, mas já se sugeriu o suficiente para revelar as inúmeras dificuldades escondidas no raciocínio do meu colega.

É claro que eu percebo, ao refletir, que posso estar lidando com um problema que nunca mais surgirá, pois é improvável que outro grupo de homens seja levado a cometer novamente a terrível ação que ora julgamos. No entanto, continuando a reflexão, mesmo se tivermos certeza que nenhum caso similar surgirá novamente, não é claro que os exemplos que dei demonstram a falta de qualquer princípio coerente e racional na decisão que meu colega propõe? Não deve a solidez de um princípio ser testada pelas conclusões que ele acarreta, sem referência a eventuais problemas referentes a um litígio futuro? Entretanto, se assim é, por que nós, juízes deste Tribunal, discutimos tantas vezes se é provável que tenhamos que aplicar no futuro um princípio que a solução do caso diante de nós reclama? É esta uma situação onde uma linha de raciocínio originariamente inadequada tornou-se sancionada por um precedente, de modo que daí por diante estaremos autorizados a aplicá-la ou até mesmo estejamos obrigados a fazê-lo?

Quanto mais examino este caso e penso sobre ele, me sinto mais profundamente envolvido com ele. Minha mente se torna enredada nas malhas das redes que eu jogo para salvar a mim mesmo. Acho que quase todas as considerações que interessam à solução do presente caso são contrabalançadas por uma consideração oposta que leva também a uma direção oposta. Meu colega Foster não me propiciou, nem eu pude descobrir por mim mesmo, nenhuma fórmula capaz de resolver as dúvidas que me cercam por todos os lados.

Dei a este caso a maior atenção de que sou capaz. Tenho dormido pouco desde que foi argumentado diante de nós. Quando me sinto inclinado a aceitar o ponto de vista do meu colega Foster, sou repelido por um sentimento de que seus argumentos são intelectualmente infundados e completamente abstratos. Por outro lado, quando me inclino no sentido de manter a condenação, choca-me o absurdo de condenar estes homens à morte quando suas vidas foram salvas à custa das vidas de dez trabalhadores heroicos. Lamento que o Ministério Público achou por bem denunciar por homicídio. Se tivéssemos um dispositivo legal que tornasse crime comer carne humana, esta teria sido uma acusação mais apropriada. Se nenhuma outra acusação adequada aos fatos deste caso podia ser movida contra os acusados, teria sido preferível, eu acho, não tê-los pronunciado. Infelizmente, porém, estes homens foram processados e julgados e, por causa disto, nos vemos envolvidos por este caso lamentável.

Uma vez que me revelei totalmente incapaz de resolver as dúvidas que me assediam acerca da lei deste caso, lamento anunciar algo que creio que não tenha precedentes na história deste Tribunal. Declaro a minha retirada da decisão deste caso.

KEEN, J. – Eu gostaria de começar deixando de lado duas questões que não são da competência deste Tribunal.

A primeira delas consiste em saber se a clemência executiva deveria ser concedida aos réus se a condenação for confirmada. Em nosso sistema de governo, esta é uma questão de competência do chefe do Executivo e não nossa. Desaprovo, portanto, a passagem do parecer do presidente deste Tribunal na qual ele dá instruções ao chefe do Executivo acerca do que deveria fazer neste caso e sugere que alguns inconvenientes irão surgir se tais instruções não forem atendidas. Isto é uma confusão de funções governamentais – uma confusão em que o Judiciário deveria ser o último a incorrer. Gostaria de dizer que se eu fosse o chefe do Executivo iria mais longe em direção à clemência do que aquilo que lhe foi solicitado. Eu concederia perdão total a estes homens, pois acredito que eles já sofreram o suficiente para pagar por qualquer ofensa que possam ter cometido. Eu quero que seja entendido que esta observação é feita na minha condição de cidadão privado que, em razão de seu ofício, adquiriu um íntimo conhecimento dos fatos deste caso. No cumprimento de meus deveres como juiz, não é minha função dar instruções ao chefe do Executivo nem levar em consideração o que ele possa ou não fazer, ao chegar a minha própria decisão, que deve ser guiada inteiramente pela lei desta comunidade.

A segunda questão que gostaria de deixar de lado diz respeito a decidir se o que estes homens fizeram foi "certo" ou "errado", "mau" ou "bom". Esta é outra questão que é irrelevante ao cumprimento de minha função como juiz, juramentado a aplicar não minhas concepções de moralidade, mas o direito desta terra. Pondo esta questão de lado, posso descartar com segurança e sem comentários a primeira e mais poética porção do voto do meu colega Foster. O elemento de fantasia contido nos argumentos por ele desenvolvidos revelou-se de maneira flagrante na tentativa um tanto solene do meu colega Tatting de levar estes argumentos a sério.

A única questão diante de nós a ser decidida é se estes réus, na concepção do N.C.S.A. (N.S.) § 12-A, deliberadamente tiraram a vida de Roger Whetmore. O texto exato da lei é o seguinte: "Quem intencionalmente tirar a vida de outrem será punido com a morte." Devo supor que qualquer observador imparcial, que queira extrair destas palavras o seu significado natural, concederá imediatamente que os réus "intencionalmente tiraram a vida" de Roger Whetmore.

De onde, pois, surgem todas as dificuldades do caso e a necessidade de tantas páginas de discussão a respeito do que deveria ser tão óbvio? As dificuldades, qualquer que seja a forma angustiada pela qual se apresentem, todas remontam a uma única fonte, que consiste na indistinção dos aspectos legais e dos morais deste caso. Para ser franco, meus colegas não gostam do fato de que a lei escrita requer a condenação destes réus. Nem eu, mas ao contrário deles, eu respeito as obrigações de um cargo que me obriga a colocar as minhas predileções pessoais de lado ao interpretar e aplicar a lei desta comunidade.

Agora, é claro, meu colega Foster não admite que seja motivado por uma antipatia pessoal pela lei escrita. Ao contrário, ele desenvolve uma linha de argumento familiar segundo a qual o Tribunal pode desrespeitar o enunciado da lei quando algo não contido nela, chamado de seu "propósito", pode ser empregado para justificar o resultado que o Tribunal considera adequado. Tendo em vista que esta é uma velha questão entre mim e meu colega, gostaria, antes de discutir a aplicação particular deste argumento aos fatos deste caso, de dizer algo acerca do contexto histórico desta questão bem como em relação a suas implicações em relação ao direito e ao governo em geral.

Houve um tempo, nesta comunidade, em que os juízes efetivamente legislaram livremente, e todos nós sabemos que durante este período algumas de nossas leis foram praticamente reelaboradas pelo Judiciário. Foi um tempo em que os princípios aceitos pela ciência política não designavam de maneira segura a hierarquia e a função dos vários poderes do Estado. Todos nós conhecemos a trágica questão da incerteza na breve guerra civil que surgiu a partir do conflito entre o Judiciário, de um lado, e os Poderes Executivo e Legislativo, de outro. Não há necessidade de relatar aqui os fatores que contribuíram para esta luta inconveniente pelo poder, embora eles incluíssem o caráter pouco representativo da Câmara, resultante de uma divisão do país em distritos eleitorais que deixaram de corresponder à real distribuição da população, bem como à forte personalidade e à vasta popularidade daquele que era então o presidente do Tribunal. É o suficiente para observar que aqueles dias ficaram para trás e que, em lugar da incerteza que então reinava, agora temos um princípio bem definido, que é a supremacia do Poder Legislativo do nosso governo. Deste princípio decorre a obrigação do Poder Judiciário de aplicar fielmente a lei escrita e de interpretá-la de acordo com seu significado evidente, sem referência aos nossos desejos pessoais ou nossas concepções individuais da justiça. Não estou preocupado se o princípio que proíbe a revisão judicial das leis é certo ou errado, desejável ou indesejável; observo simplesmente que este princípio tornou-se uma premissa tácita subjacente a toda ordem jurídica e governamental que jurei aplicar.

No entanto, embora o princípio da supremacia do Poder Legislativo tenha sido aceito em teoria durante séculos, tal é a tenacidade da tradição profissional e da força dos hábitos de pensamento estabelecidos que muitos juízes ainda não se acomodaram com o papel restrito que a nova ordem lhes impõe. Meu colega Foster pertence a este grupo; sua maneira de lidar com as leis é exatamente aquela de um juiz que viveu nos anos de 3900.

Estamos todos familiarizados com o processo pelo qual se realiza a reforma dos dispositivos legais desfavorecidos. Qualquer um que tenha seguido os pareceres escritos do Ministro Foster terá tido a oportunidade de ver sua utilização em todos os ramos do direito. Pessoalmente, estou tão familiarizado com o processo que, no caso de incapacidade do meu colega, tenho certeza de que poderia escrever uma opinião satisfatória em seu lugar, sem qualquer aviso, bastando conhecer se lhe agradaria ou não o efeito da lei a ser aplicada ao caso em questão.

O processo de reforma do sistema judicial requer três etapas. A primeira delas é a de adivinhar algum "propósito" único ao qual serve a lei. Isto é feito muito embora nenhuma lei em uma centena tenha um propósito único e embora os objetivos de quase todas as leis sejam interpretados diferentemente por diferentes grupos interessados nelas. O segundo passo consiste em descobrir que um ser mítico chamado de “o legislador”, na busca deste “propósito” imaginado, esqueceu algo ou deixou alguma lacuna ou imperfeição em seu trabalho. Em seguida vem a parte final e mais refrescante da tarefa, que é, naturalmente, a de preencher o vazio então criado. *Quod erat faciendum*.

A propensão do meu colega Foster de encontrar lacunas nas leis faz lembrar a história contada por um autor antigo sobre um homem que comeu um par de sapatos. Quando lhe perguntaram se os havia apreciado, ele respondeu que a parte que ele mais gostara eram os buracos. Este é o sentimento do meu colega em relação às leis; quanto mais lacunas elas tenham mais ele gosta delas. Em suma, ele não gosta delas.

Não se poderia desejar um caso melhor para ilustrar a natureza ilusória deste processo de preenchimento de lacunas do que aquele diante de nós. Meu colega acha que sabe exatamente o que se buscou quando o assassinato foi declarado crime, seria algo que ele denomina “prevenção”.

Meu colega Tatting já mostrou o quanto é omissa esta interpretação. Mas eu acho que o problema é mais profundo. Duvido muito que a nossa lei que qualifica o assassinato como crime tenha realmente um "propósito" em qualquer sentido comum do termo. Antes de mais nada, tal lei reflete uma convicção humana profundamente arraigada, segundo a qual o assassinato é errado e algo deve ser feito ao homem que o comete. Se fôssemos forçados a sermos mais explícitos sobre o assunto, provavelmente nos refugiaríamos nas teorias mais sofisticadas dos criminologistas que, na certa, não se encontravam na mente dos nossos legisladores. Podemos também observar que os homens trabalhariam de maneira mais eficaz e viveriam suas vidas mais felizes se estivessem protegidos contra a ameaça da agressão violenta. Tendo em mente que as vítimas de homicídio são frequentemente pessoas desagradáveis, nós poderíamos adicionar a sugestão de que a questão da eliminação dos indesejáveis não é uma função adequada à iniciativa privada, mas deve sim constituir um monopólio estatal. Tudo isto me lembra um advogado que argumentou perante este Tribunal dizendo que uma lei que licenciasse os médicos seria uma boa coisa porque levaria à diminuição dos prêmios dos seguros de vida pois elevaria o nível de saúde em geral. Há quem ache que o óbvio deve ser explicado.

Se nós não sabemos a finalidade do § 12-A, como podemos dizer que haja uma "lacuna" nele? Como podemos saber o que seus elaboradores pensaram acerca da questão de matar homens para comê-los? Meu colega Tatting revelou uma repulsão compreensível, embora talvez um pouco exagerada, em relação ao canibalismo. Como podemos saber se seus remotos antepassados não sentiram a mesma repulsa em um grau mais elevado? Os antropólogos dizem que o temor sentido em relação a um ato proibido pode crescer quando as condições de vida tribal criam tentações especiais à sua prática. É o que ocorre com o incesto, que é mais severamente condenado entre aqueles cujas relações comunitárias o tornam mais provável. Certamente, o período subsequente à Grande Espiral trazia consigo tentações implícitas à antropofagia. Talvez por esta razão nossos antepassados expressaram sua proibição de forma tão ampla e irrestrita. Tudo isso é conjectura, é claro, mas continua a ser evidente que nem eu nem meu colega Foster sabemos o propósito do § 12-A.

Considerações similares às que acabei de delinear são também aplicáveis à excludente da legítima defesa, que desempenha um papel tão importante no raciocínio dos meus colegas Foster e Tatting. É, sem dúvida, verdade que em *Comunidade v. Parry* um *obiter dictum* justificou esta exceção presumindo-se que o propósito da lei penal é a "prevenção". Pode muito bem também ser verdade que se tenha ensinado a várias gerações de estudantes de direito que a verdadeira explicação para a excludente reside no fato de que um homem que age em legítima defesa não age "intencionalmente", e que os mesmos estudantes passaram no exame da Ordem repetindo o que lhes foi dito por seus professores. Eu poderia, é claro, descartar estas últimas observações como irrelevantes pela simples razão de que os professores e examinadores da Ordem dos Advogados ainda não têm delegação de poderes para elaborar as nossas leis. Mas novamente o problema real é mais profundo. Tanto no que se refere à lei quanto no que diz respeito à exceção, a questão não está no suposto propósito da lei, mas sim no seu âmbito. Agora, o âmbito da exceção em favor da legítima defesa, tal como tem sido aplicada por este Tribunal, é simples: aplica-se aos casos de resistência a uma ameaça agressiva à vida de uma pessoa. É, portanto, muito claro que este caso não se enquadra no âmbito da exceção, pois é evidente que Whetmore não fez nenhuma ameaça contra a vida destes réus.

A pobreza essencial da tentativa do meu colega Foster de encobrir sua reformulação da lei escrita com um ar de legitimidade mostra-se tragicamente no voto de meu colega Tatting. Neste, o juiz Tatting luta corajosamente para combinar o vago moralismo de seu colega com seu próprio sentimento de fidelidade à lei escrita. O resultado desta luta não poderia ser outro senão o que ocorreu, um completo fracasso no exercício da função judicial. Você simplesmente não pode aplicar uma lei como ela está escrita e, ao mesmo tempo, refazê-la para satisfazer os seus desejos pessoais.

Sei que a linha de raciocínio que tenho desenvolvido no presente parecer não será aceitável por aqueles que olham apenas os efeitos imediatos de uma decisão e ignoram as implicações a longo prazo de uma suposição por parte do Judiciário de que pode criar exceções à aplicação da lei. Uma decisão difícil nunca é popular. Juízes têm sido exaltados na literatura por sua ardilosa destreza na elaboração de subterfúgios para privar um litigante de seus direitos nos casos em que a opinião pública julgava errado fazê-los prevalecer. Mas eu acredito que a exceção no cumprimento das leis faz mais mal a longo prazo do que as decisões rigorosas. Casos difíceis podem até mesmo ter um valor moral, fazendo com que o povo sinta a responsabilidade em face da lei que, em última análise, é sua própria criação e relembrando-lhe que não há um princípio de perdão pessoal que possa minimizar os erros de seus representantes.

Na verdade, irei mais longe e direi que os princípios que tenho exposto não são apenas os melhores para as nossas condições atuais mas também que teríamos herdado um sistema jurídico melhor de nossos antepassados se estes princípios tivessem sido observados desde o início. Por exemplo, na questão da excludente da legítima defesa, se nossos tribunais tivessem permanecido firmes em relação ao texto da lei, o resultado teria sido, sem dúvida, uma revisão legislativa. Tal revisão teria atraído a colaboração de psicólogos e filósofos, e a regulamentação da matéria daí resultante teria tido uma base compreensível e racional, ao invés da mistura de verbalismos e distinções metafísicas que emergiram de seu tratamento judicial e acadêmico.

Estas considerações finais são, naturalmente, além dos deveres que devo cumprir com relação a este caso, mas as incluo aqui porque sinto de modo profundo que meus colegas não estão suficientemente conscientes dos perigos implícitos nas concepções sobre a magistratura defendidas pelo meu colega Foster.

Concluo que a condenação deve ser reafirmada.

HANDY, J. – Ouvi com espanto os angustiados raciocínios a que este caso deu origem. Nunca deixo de admirar a capacidade dos meus colegas de lançar uma cortina obscura de legalismos sobre todas as questões que lhes sejam apresentadas para decisão. Nesta tarde temos ouvido dissertações sobre as distinções entre direito positivo e as leis da natureza, a linguagem da lei e o propósito da mesma, funções judiciais e funções executivas, a legislação vinda do Judiciário e aquela vinda do Legislativo. Minha única decepção foi que ninguém levantou a questão da natureza jurídica do contrato celebrado na caverna – se era unilateral ou bilateral, e se não se poderia considerar que Whetmore revogou a sua anuência antes que as medidas fossem tomadas.

O que tudo isso tem a ver com o caso? O problema diante de nós é o que nós, como funcionários públicos, devemos fazer com estes acusados. Esta é uma questão de sabedoria prática a ser exercida em um contexto, não de teoria abstrata, mas de realidades humanas. Quando o caso é abordado sob esta luz, torna-se, penso eu, um dos mais fáceis de se decidir dentre os que já foram arguidos perante este Tribunal.

Antes de afirmar as minhas próprias conclusões acerca do mérito do caso, eu gostaria de discutir brevemente algumas das questões mais essenciais envolvidas no litígio – questões sobre as quais meus colegas e eu temos estado divididos desde que me tornei juiz.

Eu nunca fui capaz de fazer meus colegas verem que o governo é um assunto humano e que os homens são governados não por palavras no papel nem por teorias abstratas, mas por outros homens. Eles são bem governados quando seus governantes compreendem os sentimentos e concepções do povo. Eles são mal governados quando falta esta compreensão.

De todos os ramos do governo, o Judiciário é o que tem maiores possibilidades de perder contato com o homem comum. As razões para isto são, naturalmente, bastante óbvias. Enquanto as massas reagem diante de uma situação conforme algumas características marcantes da mesma, nós, juízes, dividimos em pequenos fragmentos cada situação que nos é apresentada. Advogados são contratados por ambas as partes para analisar e dissecar. Juízes e advogados rivalizam entre si para ver quem é capaz de descobrir o maior número de dificuldades e distinções em um só conjunto de fatos. Cada litigante tenta encontrar casos, reais ou imaginários, que irão constranger as demonstrações do lado oposto. Para escapar deste constrangimento, outras distinções são inventadas e introduzidas na situação. Quando um conjunto de fatos é submetido a este tipo de tratamento por um tempo suficiente, toda a sua vida e essência o terá abandonado sobrando apenas um punhado de pó.

Percebo que sempre que haja regras e princípios abstratos, os advogados serão capazes de fazer distinções. Até certo ponto este tipo de coisa que tenho descrito é um mal necessário, ligado a qualquer regulação formal dos negócios humanos. Mas eu acho que a área que realmente necessita desta regulação é muito superestimada. Há, naturalmente, algumas regras fundamentais do jogo que devem ser aceitas como condição da existência do jogo. Eu incluiria dentre estas regras aquelas relativas à realização das eleições, à nomeação de funcionários públicos e também ao tempo de exercício nos respectivos cargos. Aqui eu concedo que seja essencial certa restrição na discrição e na possibilidade de excepcionar, certa adesão à forma, algum escrúpulo quanto ao que cai e o que não cai na esfera de incidência da norma. Talvez a área do princípio básico deva ser ampliada para incluir certas regras, como as destinadas a preservar o sistema livre.

Mas, fora destes domínios, acredito que todos os funcionários públicos, incluindo os juízes, cumpririam melhor seus deveres se tratassem as formas e conceitos abstratos como instrumentos. Acho que deveríamos tomar como nosso modelo o bom administrador, que adapta os procedimentos e princípios ao caso em questão, selecionando dentre os formulários disponíveis os mais adequados para alcançar o resultado correto.

A vantagem mais óbvia deste método de governo é que ele nos permite cumprir nossas tarefas diárias com eficiência e bom senso. Minha adesão a esta filosofia tem, entretanto, raízes mais profundas. Eu acredito que apenas com a visão que esta filosofia nos dá podemos preservar a flexibilidade essencial se quisermos manter nossas ações em concordância com os sentimentos daqueles sujeitos à nossa lei. Mais governos têm sido destruídos e mais miséria humana causada pela ausência deste acordo entre governantes e governados do que por qualquer outro fator que se possa discernir na história. Desde o momento em que se introduz uma cunha entre a massa do povo e aqueles que dirigem sua vida legal, política e econômica, a nossa sociedade está arruinada. Então nem a lei da natureza de Foster nem a fidelidade à lei escrita de Keen valerão mais nada para nós.

Quando estes conceitos são aplicados ao caso diante de nós, sua decisão se torna, como eu disse, perfeitamente fácil. Para demonstrar isso terei de introduzir certas realidades que meus colegas, com pudico decoro, decidiram omitir, apesar de serem tão conscientes delas como eu sou.

A primeira delas é que este caso despertou um enorme interesse público, tanto aqui quanto no exterior. Quase todos os jornais e revistas publicaram artigos a seu respeito; colunistas partilharam com seus leitores informações confidenciais referentes ao próximo passo do governo; centenas de cartas aos editores foram publicadas. Uma das grandes cadeias de jornais fez uma sondagem de opinião pública sobre a questão: "O que você acha que a Corte Suprema deveria fazer com os exploradores de cavernas?" Aproximadamente noventa por cento expressaram a opinião de que os réus deveriam ser perdoados ou deixados em liberdade com uma espécie de punição simbólica. É perfeitamente claro, portanto, o sentimento da opinião pública acerca do caso. Poderíamos saber disso sem a enquete, é claro, com base no bom senso ou mesmo observando que neste Tribunal há, aparentemente, quatro homens e meio, ou seja, noventa por cento, que partilham da opinião comum.

Isto torna óbvio não somente o que deveríamos fazer mas o que devemos fazer se quisermos preservar uma harmonia razoável e decente entre nós e a opinião pública. Declarar estes homens inocentes não nos envolve em qualquer truque ou embromação indigna. Nenhum princípio de construção jurídica é necessário se não estiver de acordo com as práticas passadas deste Tribunal. Certamente nenhum leigo pensaria que, absolvendo estes homens, nós tivéssemos desvirtuado a lei mais do que nossos antepassados o fizeram quando criaram a excludente da legítima defesa. Se uma demonstração mais detalhada do método seguido para harmonizar nossa decisão com o texto da lei fosse necessária, eu estaria contente em fixar-me nos argumentos desenvolvidos na segunda e menos visionária parte do voto do meu colega Foster.

Sei que meus colegas ficarão horrorizados com a minha sugestão de que este Tribunal deve levar em conta a opinião pública. Eles vão dizer que a opinião pública é emocional e caprichosa, que é baseada em meias verdades e que ouve testemunhas que não estão sujeitas a novo interrogatório. Eles dirão que a lei cerca o julgamento de um caso como este de garantias elaboradas, destinadas a assegurar que a verdade será conhecida e que toda consideração racional referente às possíveis soluções do caso será levada em consideração. Eles irão avisar que todas estas garantias não servem para nada se for permitido que a opinião pública, formada fora deste quadro, tenha alguma influência sobre a nossa decisão.

Mas vamos olhar imparcialmente algumas das realidades da administração da nossa lei penal. Quando um homem é acusado de um crime, há, de maneira geral, quatro modos segundo os quais ele pode escapar da punição. Um deles é a determinação de um juiz, de acordo com a lei aplicável, de que ele não cometeu nenhum crime. Esta é, certamente, uma decisão que tem lugar em uma atmosfera bastante formal e abstrata. Mas consideremos os outros três modos segundo os quais ele pode escapar da punição. São eles: (1) uma decisão do representante do Ministério Público não solicitando a instauração do processo; (2) uma absolvição pelo júri; (3) um indulto ou comutação da pena pelo Poder Executivo. Alguém pode fingir que estas decisões sejam tomadas dentro de uma estrutura rígida e formal de regras que impeçam o erro de fato, excluam fatores emocionais e pessoais e garantam que todas as formalidades legais sejam observadas?

Com certeza no caso do júri procuramos restringir suas deliberações no âmbito daquilo que é juridicamente relevante, mas não podemos nos iludir acreditando que esta tentativa seja realmente bem sucedida. No curso normal das coisas, o caso diante de nós teria sido julgado pelo júri sob todos os seus aspectos. Se isto tivesse ocorrido, podemos estar certos de que teria havido uma absolvição ou pelo menos uma divisão que teria impedido uma condenação. Se o júri tivesse sido instruído no sentido de que a fome dos réus e o contrato que firmaram não constituem defesa à acusação de homicídio, o seu veredito teria muito provavelmente ignorado tais instruções torcendo a letra da lei mais do que qualquer um de nós seria tentado a fazer. É claro que a única razão pela qual isto não ocorreu nesta circunstância foi o caso fortuito de que o presidente do júri era um advogado. Seus conhecimentos lhe possibilitaram imaginar uma forma verbal que permitisse ao júri se esquivar de suas responsabilidades usuais.

Meu colega Tatting expressa contrariedade com o fato de que o representante do Ministério Público não tenha, de fato, resolvido o caso para ele, abstendo-se de requerer a instauração do processo. Rigoroso como é no cumprimento das exigências da teoria jurídica, ficaria satisfeito de ver o destino destes homens decidido fora do Tribunal pelo representante do Ministério Público baseado no seu bom senso. O presidente do Tribunal, por outro lado, quer que a aplicação do bom senso seja postergada, embora, como Tatting, não queira participar pessoalmente.

Isto me leva à parte conclusiva de minhas observações, que tem a ver com a clemência executiva. Antes de discutir este assunto diretamente, quero fazer uma observação conexa a respeito da enquete de opinião pública. Como disse, noventa por cento das pessoas queriam que a Suprema Corte absolvesse os homens por completo ou lhes aplicasse uma pena meramente nominal. Os outros dez por cento constituem um grupo de composição singular com as opiniões mais variadas e divergentes. Um dos nossos especialistas universitários fez um estudo deste grupo e descobriu que seus membros dividem-se em certos padrões. Uma porção substancial deles são assinantes de jornais excêntricos de circulação limitada, os quais deram aos seus leitores uma versão destorcida dos fatos do caso. Alguns pensam que "espeleólogo" significa "canibal" e que a antropofagia é um dogma da sociedade. Mas o ponto aonde quero chegar, no entanto, é este: embora quase todas as variedades e matizes concebíveis de opiniões estivessem representadas neste grupo, não havia, pelo que sei, ninguém nele nem no grupo majoritário dos noventa por cento, que dissesse: "Eu acho que seria bom que os tribunais condenassem estes homens à forca e que, em seguida, outro ramo do governo viesse e os absolvesse." No entanto, esta é uma solução que tem mais ou menos dominado nossas discussões e que o presidente deste Tribunal propõe como um caminho pelo qual podemos evitar cometer injustiças e ao mesmo tempo preservar o respeito à lei. Ele pode estar certo de que, se ele está preservando a moral de alguém, é a dele próprio, e não a do povo, que não sabe nada sobre suas distinções. Menciono este assunto porque eu gostaria de enfatizar mais uma vez o perigo de nos perdermos nos esquemas de nosso próprio pensamento e esquecer que estes esquemas muitas vezes não projetam a menor sombra sobre o mundo exterior.

Chego agora ao ponto mais decisivo neste caso, um fato conhecido por todos nós neste Tribunal, embora meus colegas tenham julgado conveniente mantê-lo oculto sob suas togas. Trata-se da probabilidade assustadora de que, se a solução do caso for deixada ao chefe do Executivo, ele se recusará a perdoar estes homens ou comutar sua sentença. Como todos sabem, nosso chefe do Executivo é um homem de idade avançada e de princípios muito rígidos. O clamor público normalmente opera sobre ele com um efeito contrário ao esperado. Como eu disse aos meus colegas, acontece que a sobrinha da minha esposa é amiga íntima de sua secretária. Fui informado por esta via indireta, porém totalmente confiável, que ele está firmemente determinado a não comutar a sentença se nós julgarmos que estes homens violaram a lei.

Ninguém lamenta mais do que eu a necessidade de amparar um assunto tão importante em informação que poderia ser caracterizada como fofoca. Se dependesse de mim, isto não aconteceria, pois eu adotaria a atitude mais sensata e iria me reunir com o Executivo, revisando conjuntamente o caso, descobrindo quais são seus pontos de vista e talvez trabalhando com ele para elaborar um programa comum para lidar com a situação. Mas é claro que meus colegas jamais acederiam em resolver o problema desta maneira.

Seus escrúpulos sobre a aquisição de informações precisas não os impedem de estarem muito perturbados com o que souberam de maneira indireta. Sua familiaridade com os fatos que acabei de relatar explica porque o presidente deste Tribunal, normalmente um modelo de decoro, julgou conveniente em seu voto agitar sua toga na face do Executivo e ameaçá-lo de excomunhão se não comutasse a sentença. Isto explica, suspeito eu, a proeza da levitação do meu colega Foster através da qual toda uma biblioteca de livros jurídicos foi removida dos ombros dos réus. Isto também explica porque meu colega legalista Keen imitou Pooh-Bah na comédia antiga, caminhando até o outro lado do palco para endereçar algumas observações ao Poder Executivo em sua "condição de cidadão privado". (Devo observar, aliás, que o conselho do cidadão privado Keen será publicado nos relatórios deste Tribunal às custas dos contribuintes.)

Devo confessar que, quanto mais velho eu fico, mais e mais perplexo fico com a recusa dos homens em aplicar o seu bom senso aos problemas do direito e do governo, e este caso verdadeiramente trágico aprofundou o meu sentimento de desânimo e desalento. Eu apenas desejo poder convencer meus colegas da sabedoria dos princípios que tenho aplicado à função judicial desde que a assumi. De fato, por uma espécie de triste fechar de um círculo, deparei-me com questões semelhantes no primeiro caso que julguei como juiz de primeira instância do Tribunal de Instâncias Gerais do condado de Fanleigh.

Uma seita religiosa tinha destituído um sacerdote que, segundo eles, tinha se convertido às visões e práticas de uma seita rival. O sacerdote divulgou um folheto fazendo acusações contra as autoridades que o destituíram. Certos membros leigos desta igreja anunciaram uma reunião pública na qual se propunham explicar a posição da mesma. O sacerdote participou desta reunião. Alguns disseram que ele entrou desapercebido utilizando-se de um disfarce; em seu testemunho ele afirmou que entrou normalmente como um membro do público. De qualquer forma, quando os discursos começaram ele os interrompeu com certas questões a respeito dos assuntos da igreja e fez algumas declarações em defesa de seus próprios pontos de vista. Ele foi atacado por membros da plateia que lhe deram uma surra enorme, da qual resultou, dentre outros ferimentos, uma fratura de mandíbula. Ele ajuizou uma ação por perdas e danos contra a associação patrocinadora da reunião e contra dez indivíduos que alegou serem seus agressores.

Quando chegamos à fase do julgamento, o caso, inicialmente, me pareceu muito complicado. Os advogados levantaram uma série de problemas legais. Havia boas perguntas sobre a admissão da prova e, em relação à demanda contra a associação, alguns problemas difíceis acerca da questão de saber se o sacerdote era um intruso ou licenciado. Como um noviço na magistratura, eu estava ansioso para aplicar meus conhecimentos adquiridos na faculdade de direito e comecei a estudar estas questões atentamente, lendo as fontes mais autorizadas e preparando decisões bem documentadas. À medida que estudava o caso, me tornei mais e mais envolvido com suas complexidades legais e eu comecei a entrar em um estado que se aproxima àquele do meu colega Tatting neste caso. De repente, no entanto, percebi que todas estas questões intrigantes realmente não tinham nada a ver com o caso e passei a examiná-las com bom senso. O caso imediatamente ganhou uma nova perspectiva, e eu percebi que a única coisa que eu podia fazer era absolver os réus por falta de provas.

Cheguei a estas conclusões pelas seguintes considerações. O conflito em que o demandante foi ferido tinha sido muito confuso, com algumas pessoas tentando chegar ao centro do tumulto, enquanto outros estavam tentando fugir dele; algumas pessoas atingindo o demandante, enquanto outros aparentemente tentavam protegê-lo. Teria levado semanas para se descobrir o que realmente ocorreu. Decidi então que nenhuma mandíbula fraturada era tão importante para a comunidade. (As lesões do sacerdote, aliás, tinham se curado neste meio tempo sem que o desfigurassem e sem comprometimento de suas faculdades normais.) Além disso, eu senti fortemente que o demandante tinha, em larga medida, dado causa ao conflito. Ele sabia quão inflamadas estavam as paixões em relação ao caso e podia facilmente ter encontrado outro lugar para expressar suas opiniões. Minha decisão foi amplamente aprovada pela imprensa e pela opinião pública, as quais não podiam tolerar as opiniões e práticas que o sacerdote expulso estava tentando defender.

Agora, trinta anos depois, graças a um ambicioso procurador e a um porta-voz do júri legalista, sou confrontado com um caso que levanta questões que são, no fundo, muito semelhantes àquelas do litígio que terminei de expor. O mundo parece não mudar muito, mas desta vez não se trata de um julgamento por quinhentos ou seiscentos frelares e sim da vida ou morte de quatro homens que já sofreram mais tormento e humilhação do que a maioria de nós suportaria em mil anos. Concluo que os réus são inocentes da prática do crime imputado e que a condenação e a sentença devem ser reformadas.

TATTING, J. – O presidente do Tribunal me perguntou se depois de ouvir os dois pareceres que acabam de ser enunciados, eu desejaria reexaminar a posição que assumi anteriormente. Gostaria de dizer que depois de ouvi-los sinto-me bastante fortalecido em minha convicção de que não devo participar da decisão deste caso.

Ocorrendo, portanto, empate na decisão da Suprema Corte, a condenação e a sentença do Tribunal de Primeira Instância foram confirmadas. Determinou-se que a execução da sentença ocorresse às 6 horas, sexta-feira, 2 de abril de 4300, ocasião em que o carrasco procederia com toda a diligência até que os réus estivessem mortos na forca.

POSTSCRIPTUM

Tendo o Tribunal pronunciado seu acórdão, o leitor intrigado pela escolha da data pode desejar ser lembrado que os séculos que nos separam do ano 4300 são aproximadamente os mesmos que se passaram desde a época de Péricles. Provavelmente, não há necessidade de observar que o caso dos exploradores de cavernas não se destina a ser uma sátira nem uma profecia em qualquer sentido comum do termo. Quanto aos juízes que compõem o Tribunal do presidente Truepenny, eles são, é claro, tão fictícios quanto os fatos e precedentes com os quais lidam. O leitor que se recusar a aceitar este ponto de vista e que quiser traçar semelhanças contemporâneas onde nada disso foi buscado ou considerado, deve ser advertido de que está se envolvendo numa aventura de sua própria responsabilidade, que pode levá-lo a desviar-se das verdades contidas nos votos emitidos pelos juízes da Corte Suprema de Newgarth. O caso foi construído com o único propósito de trazer à tona certas posturas filosóficas divergentes a respeito do direito e do governo. Posturas estas que apresentavam aos homens questões reais de escolhas nos dias de Platão e Aristóteles. Talvez elas continuem a apresentar-se mesmo depois que a nossa era tenha dado sua última palavra a respeito delas. Se houver qualquer elemento de previsão no caso, não vai além de uma sugestão de que as questões nele envolvidas estão entre os problemas permanentes da raça humana.

PENSAMENTOS JURÍDICOS

"Mais vale um juiz bom e prudente que uma lei boa. Com um juiz mau e injusto, uma lei boa de nada serve, porque ele a verga e a torna injusta a seu modo".

(Código Geral da Suécia, 1734)

"Todo homem luta com mais bravura pelos seus interesses que pelos seus direitos".

(Napoleão Bonaparte)

"É preciso que os homens bons respeitem as leis más para que os homens maus respeitem as leis boas".

(Sócrates)

"O juiz não é nomeado para fazer favores com a Justiça, mas para julgar segundo as leis".

(Platão)

"O rei que possuir a justiça não precisa de coragem".

(Aristóteles)

"Os juízes decidem com base em suas próprias satisfações e ouvem com parcialidade, rendendo-se aos contendores em vez de julgá-los".

(Aristóteles)

"Se os fracos não têm a força das armas, que se armem com a força do seu direito, com a afirmação do seu direito, entregando-se por ele a todos os sacrifícios necessários para que o mundo não lhes desconheça o caráter de entidades dignas de existência na comunhão internacional".

(Rui Barbosa)

"A mesma natureza humana, propensa sempre a cativar os subservientes, nos ensina a defender-nos contra os ambiciosos".

(Rui Barbosa)

"A acusação é sempre um infortúnio enquanto não verificada pela prova".

(Rui Barbosa)

"De tanto ver triunfar as nulidades; de tanto ver prosperar a desonra, de tanto ver crescer a injustiça, de tanto ver agigantarem-se os poderes nas mãos dos maus, o homem chega a desanimar-se da virtude, a rir-se da honra e a ter vergonha de ser honesto".

(Rui Barbosa)

"Quando vou a um país, não examino se há boas leis, mas se as que lá existem são executadas, pois boas leis há por toda parte".

(Montesquieu)

"A Justiça sustenta numa das mãos a balança que pesa o direito, e na outra a espada de que se serve para o defender. A espada sem a balança é a força brutal; a balança sem a espada é a impotência do direito".

(Rudolf von Ihering)

" Os que acham que a morte é o maior de todos os males é porque não refletiram sobre os males que a injustiça pode causar".

(Sócrates)

"... a Justiça continuou e continua a morrer todos os dias. Agora mesmo, neste instante em que vos falo, longe ou aqui ao lado, à porta da nossa casa, alguém a está matando. De cada vez que morre, é como se afinal nunca tivesse existido para aqueles que nela tinham confiado, para aqueles que dela esperavam o que da Justiça todos temos o direito de esperar: justiça, simplesmente justiça. Não a que se envolve em túnicas de teatro e nos confunde com flores de vã retórica judicialista, não a que permitiu que lhe vendassem os olhos e viciassem os pesos da balança, não a da espada que sempre corta mais para um lado que para o outro, mas uma justiça pedestre, uma justiça companheira quotidiana dos homens, uma justiça para quem o justo seria o mais exato e rigoroso sinônimo do ético, uma justiça que chegasse a ser tão indispensável à felicidade do espírito como indispensável à vida é o alimento do corpo"...

(José Saramago)

"A qualidade do Direito é inversamente proporcional à quantidade dos argumentos".

(Jean Carcagne)

"Não há melhor maneira de exercitar a imaginação do que estudar Direito. Nenhum poeta jamais interpretou a natureza com tanta liberdade quanto um jurista interpreta a verdade".

(Jean Giraudoux)

“Eu não recearia muito as más leis se elas fossem aplicadas por bons juízes. Não há texto de lei que não deixe campo à interpretação. A lei é morta. O magistrado vivo. É uma grande vantagem que ele tem sobre ela”.

(Anatole France)

“

O advogado deve sugerir por forma tão discreta os argumentos que lhe dão razão, que deixe ao juiz a convicção de que foi ele próprio quem os descobriu”.

(Piero Calamandrei)

“Medo, venalidade, paixão partidária, respeito pessoal, subserviência, espírito conservador, interpretação restritiva, razão de estado, interesse supremo, como quer te chames, prevaricação judiciária, não escaparás ao ferrete de Pilatos! O bom ladrão salvou-se. Mas não há salvação para o juiz covarde”.

(Rui Barbosa)

“Posso não concordar com nenhuma das palavras que você disser, mas defenderei até a morte o direito de você dizê-las”.

(Voltaire)

“A igualdade pode ser um direito, mas não há poder sobre a Terra capaz de a tornar um fato”.

(Honoré de Balzac)

“A desigualdade dos direitos é a primeira condição para que haja direitos”.

(Friedrich Nietzsche)

“’A ocasião faz o ladrão’. Uma das afirmações de Aires (que também gostava de provérbios) é que este não estava certo. Não é a ocasião que faz o ladrão, dizia, o provérbio está errado. A forma exata deve ser esta: ‘A ocasião faz o furto; o ladrão nasce feito’.”

(Machado de Assis)

"As leis são sempre úteis aos que possuem e nocivas aos que nada têm".

(Jean-Jacques Rousseau)

"O tempo é um inimigo do Direito e contra ele o juiz deve travar uma guerra sem tréguas".

(Carnelutti)

"A justiça pode irritar-se porque é precária. A verdade não se impacienta, porque é eterna".

(Rui Barbosa)

"Há mais coragem em ser justo, parecendo ser injusto, do que ser injusto para salvaguardar as aparências da justiça".

(Piero Calamandrei)

"Nada mais honroso do que mudar a justiça de sentença, quando lhe mudou a convicção".

(Rui Barbosa)

Páginas: 96
Família Tipografia: Electra LT Std
Composição: Lumiar Design Estúdio